NOUVEAU

LUTH A MARIE

RECUEIL DE 32 CANTIQUES

Dont les airs simples et faciles ont
été composés presque tous par
des prêtres du diocèse
de Grenoble.

Cantate ei canticum novum ;
benè psallite ei in vociferatione .

Chantez à la gloire de Marie
un cantique nouveau ; célébrez-
la par d'harmonieux concerts.

(Ps. XXXII, 3.)

NOTA. — Le numéro de la musique correspond à celui des paroles.

GRENOBLE

CHEZ BARATIER ET DARDELET, LIBRAIRES

Imprimeurs de l'Evêché, Grand'rue, 4.

1879

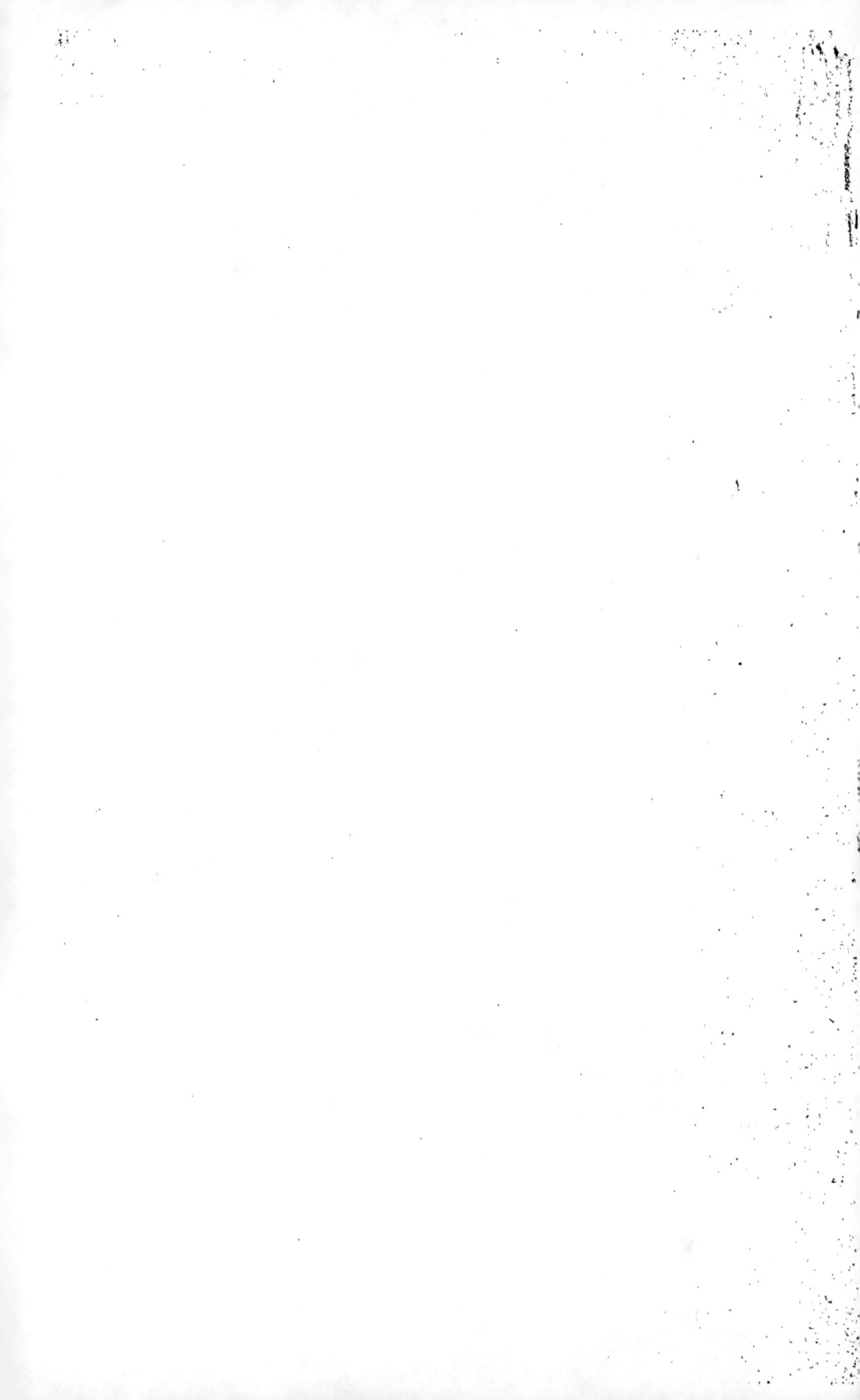

UN NOUVEAU

LUTH A MARIE

RECUEIL DE 32 CANTIQUES

**Dont les airs simples et faciles ont
été composés presque tous par
des prêtres du diocèse
de Grenoble.**

Cantate canticum novum ;
benè ps i in vociferatione.

Chantez à la gloire de Marie
un cantique nouveau; célébrez-
la par d'harmonieux concerts.

(Ps. XXXII, 3.)

NOTA. — Le numéro de la musique correspond à celui des paroles.

GRENOBLE

CHEZ BARATIER & DARDELET, LIBRAIRES

IMPRIMEURS DE L'ÉVÊCHÉ
GRAND'RUE, 4

1879

Permis d'imprimer.

DEBUT,

Vic. gén. lion.

1904.— Grenoble, imp. BARATIER.

Quelques-uns des cantiques de ce nouveau *Luth* sont anciens et très-connus de ceux qui s'occupent de faire chanter les louanges de Marie ; on y a cependant retouché quelques paroles qui paraissaient laisser à désirer sous le rapport littéraire. Les airs de ces anciens cantiques sont nouveaux pour la plupart ; les autres, en usage depuis longtemps dans le diocèse, ont été recueillis et arrangés à trois parties.

Ce *Luth* renferme de plus un certain nombre de cantiques inédits composés par des prêtres du diocèse de

Grenoble quant aux paroles et à la musique. Quelques-uns avaient été approuvés précédemment et se chantaient déjà dans plusieurs paroisses.

Les cantiques de chacune de ces deux classes peuvent se chanter *à une voix*, la mélodie étant ici la chose principale ; un bon nombre *à deux voix* ; tous *à trois*. Les airs simples et faciles de ce nouveau recueil en feront, nous n'en doutons pas, un *Luth* populaire de Marie.

Daigne l'auguste Reine du ciel accepter ce faible hommage de notre amour et de notre reconnaissance !

UN

NOUVEAU LUTH A MARIE.

Nº 1. — Invocation à Marie.

Refrain.

A tes pieds, ô tendre Marie,
Tu vois l'amour nous réunir,
Ah ! de grâce ! ô mère chérie,
Etends ton bras pour nous bénir.

Nous pleurons sur la terre,
Tu règnes dans les cieux ;
Protége, heureuse mère,
Des enfants malheureux.

A tes pieds, etc.

Ta prière puissante
Est l'espoir des pécheurs ;
Reine compatissante,
Offre à Jésus nos pleurs.

A tes pieds, etc.

Jésus, sur le Calvaire,
Nous remit en tes bras ;
Il savait que sa Mère,
Ne nous oublierait pas.

A tes pieds, etc.

Tu plains notre misère,
Tu fais notre bonheur.
Et tous les cœurs de mère
Semblent être en ton cœur.

A tes pieds, etc.

C'en est fait, je n'aspire
Qu'au bonheur de t'aimer ;
Ah! permets que j'expire
Avant de t'oublier.

A tes pieds, etc.   L. M.

N° 2. — Consécration à Marie.

Refrain.

Douce Marie,
A toi ma vie,
A toi mes chants et tous mes jours !
Que dans mon âme
Ta pure flamme
S'allume pour toujours.

Je viens à toi, ma tendre Mère,
Avant de quitter ces saints lieux.
Jésus m'a dit : En elle espère,
Et puis tu viendras dans les Cieux.

Je te remets mon innocence ;
Garde-la bien ; veille sur moi.
Mère, soutiens mon espérance ;
Ne dois-je pas compter sur toi ?

Prends et mon cœur et ma jeunesse,
Mon avenir et tous mes ans.
Mon âme en une sainte ivresse
Veut être à toi ; reçois ses chants.

O Vierge, adieu ; mais que mes larmes
Restent sur ton cœur maternel !
Que mon trépas soit sans alarmes,
Et mon séjour dans ton beau Ciel.

No 3. — Même sujet.

A ton autel, incomparable Reine,
Nous accourons offrir nos jeunes ans.
Sois de nos cœurs l'unique souveraine,
Adopte-nous ici pour tes enfants.

Chœur.

Oui, nous voulons, ô divine Marie,
Nous consacrer à ton culte en ce jour :
Reçois nos vœux, nos cœurs et notre vie,
Oui, nous voulons être à toi sans retour.

L'astre du soir, de sa faible lumière,
Guide les pas du tremblant voyageur :
Pour nous sauver, ô la plus tendre mère,
Répands sur nous un rayon protecteur.

Sans son appui, dans ce lieu de misère
Nous ne pouvons que tomber et périr.
Mais elle voit notre douleur amère ;
Nous gémissons et son cœur va s'ouvrir.

Ah! dans ce cœur courons cacher nos larmes;
C'est le séjour de la paix, du bonheur ;
Heureux qui peut en connaître les charmes!
Heureux qui peut en goûter la douceur.

Que ton autel soit notre unique asile,
Jusqu'au trépas donne-nous ton secours ;
Nous l'espérons, et notre cœur tranquille
Quand nous mourrons t'invoquera toujours.

Nº 4. — Alma redemptoris mater.

Fleur de nos champs aussi belle que pure'
Lis des vallons, Mère du Rédempteur !
La grâce en vous, étonnant la nature,
Fit votre enfant de votre Créateur.

Refrain.

Mère d'amour, mère chérie,
Prête l'oreille à nos accents.
Que ta bonté, tendre Marie,
Soit le doux objet de nos chants.

Par une gloire aux humains inconnue,
Vous entendez la voix de Gabriel,
Qui, vierge et mère à la fois, vous salue,
Et ce salut fait tressaillir le ciel.

Des chastes cœurs vous êtes le modèle ;
Reine du monde, étoile de la mer,
Ouvrez le ciel à ce peuple fidèle
Et fermez-lui les gouffres de l'enfer.

D'un Dieu vengeur fléchissez la justice,
Pauvres pécheurs, hélas ! que pouvons-nous?
Pour secouer le joug impur du vice,
On ne peut rien sans votre Fils et vous.

Le comte DE MARCELLUS.

N° 5. — Mois des fleurs.

Reçois nos hommages,
Dans ce mois des fleurs ;
Retiens les orages
Sous tes pieds vainqueurs.

Chœur.

Douce Marie,
Mère chérie,
Sois mes amours
Toujours, toujours.

Le Ciel, doux et tendre,
Comme un cœur bien pur.
Pour toi vient d'étendre
Son voile d'azur.

Douce Marie, etc.

La nature entière
Semble sous ta loi ;
Hormis le tonnerre,
Tout parle de toi.

Douce Marie, etc.

Espoir de la terre,
Délices du Ciel ;
Dans la vie amère
Fleur pleine de miel.

Douce Marie, etc.

Une âme infidèle
Peut bien t'offenser,
Te chasser loin d'elle ;
Jamais te lasser !

Douce Marie,
Mère chérie,
Sois mes amours
Toujours, toujours.

N° 6. Même sujet.

Devant ton image chérie
Quand nous venons chaque printemps,
Accueille toujours, ô Marie,
Les humbles vœux de tes enfants.

Chœur.

Allons, chrétiens, vers notre Reine ;
Chargeons ses autels de présents ;
Du ciel l'auguste Souveraine,
Bénira nos vœux et nos chants.

Des fleurs de la saison nouvelle
Quand tes fils parent ton autel,
Sur eux que ta main maternelle
Verse toujours les dons du ciel.

Si dans notre offrande fleurie
Le lis détache sa blancheur,
Tu connais, ô pure Marie,
Quel don réclame notre cœur !

Dans les sentiers de la justice
Fais-nous marcher d'un pas certain.
Si quelquefois notre pied glisse,
Du haut des cieux tends-nous la main.

De tes parfums, mystique Rose,
Que notre cœur toujours épris,
A tout autre appât les oppose,
Et soit vainqueur par le mépris !

Quand nous empruntons l'harmonie
Pour t'exprimer nos humbles vœux,
De la charité qui nous lie
Protége et serre les saints nœuds.

De tous nos ans, Mère immortelle,
Daigne ainsi diriger le cours !
Que des cieux l'année éternelle
Couronne ces terrestres jours.

Du jour sans fin, ô douce aurore,
Alors que paraîtra Jésus,
En le louant nos voix encore
Loueront la Mère des élus.

N° 7. — Ora pro nobis Sancta Dei Genitrix.

Connaissez-vous ma mère ?
Son cœur est tout amour ;
Voilà pourquoi j'espère
Dans ce triste séjour.

O ma Mère, ô ma Mère !
Priez, priez pour moi.

Je cherchais sur la terre
Un rayon de soleil ;
J'ai trouvé le tonnerre,
Qui grondait dans mon ciel.

O ma Mère, etc.

Je le sais, la souffrance
N'est jamais sans douceur,
Quand on a l'espérance
De l'éternel bonheur.

O ma Mère, etc.

Non, non, dans cette vie
Je ne redoute rien ;
N'êtes-vous pas, Marie,
Ma joie et mon soutien.

O ma Mère, etc.

Je veux dans ma demeure
Garder, comme un trésor,
Jusqu'à ma dernière heure,
Ces mots en lettres d'or :

O ma Mère, etc.

Quelque part que je tombe
Marie, en vous aimant,
Qu'on grave sur ma tombe
Ce cri de votre enfant :

O ma Mère, etc.

M. PAYRE,
Curé de Saint-Gervais,
diocèse de Grenoble.

No 8. — Consolatrix afflictorum

Refrain.

A toi mon cœur, ô tendre Mère,
A toi mon cœur et pour toujours.
Fais qu'à t'aimer, sur cette terre,
Il se consume avec mes jours.

Comment sur cette aride plage
Le bonheur pourrait-il mûrir?
Le ciel n'est jamais sans nuage,
Le cœur n'est jamais sans soupir.

Ah! qu'on ne vienne pas me dire
Que dans le monde on est heureux ;
Hélas ! quand nous croyons sourire,
On voit des larmes dans nos yeux.

Regardez cette fleur brillante,
Elle se flétrira demain ;
Ainsi toute joie enivrante
Naît et périt dans un matin.

Je ne connais dans cette vie,
Pour éloigner le désespoir
Que ton amour, tendre Marie,
Et l'espérance de te voir.

M. PAYRE.

N° 9. — Auxilium Christiano-rum, ora pro nobis.

Dans ce monde où je reste
Sans joie et sans plaisir,
Que mon sort est funeste !
Toujours il faut souffrir.
Ah ! quitter cette vie
Ce sera mon bonheur ;
J'irai dans la patrie
Où l'on vit sans douleur.

Oh ! j'espère, oh ! j'espère
En vous, ma Mère.

Pauvre petite feuille
Je m'agite dans l'air,
Si l'on ne me recueille
Je péris au désert.
Recueillez-moi, ma Mère,
Secourez l'orphelin ;
Epuisé de misère,
Vers vous il tend la main.

Oh ! j'espère, etc.

Je cherche sur la plage
Un séjour permanent,
Et je suis le nuage
Emporté par le vent.
Vers une autre demeure
Je dois marcher toujours,
Mère, avant que je meure,
Venez à mon secours.

Oh! j'espère, oh! j'espère
En vous, ma Mère.

M. PAYRE.

N° 10. — Sainteté de Marie.

Enfin de son tonnerre
Dieu dépose les traits,
Et Marie à la terre
Vient annoncer la paix.
Ainsi, quand sa vengeance
Éclate dans les airs,
L'arc de son alliance
Rassure l'univers.

Qu'elle est touchante et pure !
Le lis qu'ont embelli
Les mains de la nature
Auprès d'elle est flétri.
Les rayons de l'aurore,
Les feux du plus beau jour,
Sont bien moins purs encore
Que ceux de son amour.

En vain Satan murmure
Et réclame ses droits ;
Céleste créature,
Elle brave ses lois ;
Rien ne blesse, en sa Mère,
Les yeux de l'Éternel ;
Pour lui ce sanctuaire
Est plus saint que le ciel.

D'une tige flétrie
Glorieux rejeton,
Tu trompes, ô Marie !
La fureur du démon.
Il faut, le ciel l'ordonne,
Que son front abhorré
De ton sublime trône
Soit le premier degré.

A la Vierge bénie,
Du céleste séjour,
Venez, troupe ravie,
Anges, former sa cour !
L'homme, dépositaire
D'un don si précieux,
Possède en sa misère,
Ce que n'ont pas vos cieux.

Salut, auguste reine,
L'univers en suspens
Attend sa souveraine ;
Venez à vos enfants.
Préparez leur victoire
Sur l'enfer en courroux,
Et qu'un jour dans la gloire
Ils règnent avec vous !

N° 11. — Recours à Marie.

Reine d'espérance,
Sois mon assurance,
  Sois mes amours
  Toujours, toujours.

Trésor de justice
Ornement du ciel,
Tendre protectrice
Du faible mortel ;
O divine Mère,
A mon cœur si chère
  Toujours, toujours.

  Reine, etc.

La nature entière
Docile à ta voix,
Les cieux et la terre
Soumis à tes lois,
Chantent ta mémoire,
Ta brillante gloire
  Toujours, toujours.

  Reine, etc.

Dans la nef obscure
Vois le jeune enfant
Tendre ses mains pures
En te suppliant ;
Garde dans son âme
Ta divine flamme
   Toujours, toujours.

Reine, etc.

Sur l'onde en furie
Vois le matelot,
Sauve-lui la vie
En calmant les flots ;
Dissipe l'orage,
Détourne sa rage
   Toujours, toujours.

Reine, etc.

Mène à la patrie
Ton fidèle enfant,
Fais grâce à l'impie,
Fais grâce au méchant.
Dans ton sanctuaire
Qu'il revienne, ô Mère
   Toujours, toujours.

Reine, etc.

No 12, — Hymne à Marie.

Vierge tutélaire,
Que le ciel révère;
O divine Mère
De mon Rédempteur !

Chœur.

Daigne, de la terre,
Séjour de la misère,
Porter ma prière
Aux pieds du Seigneur.

} *bis.*

Toujours secourable,
O Mère ineffable !
D'un œil favorable
Reçois le pécheur !

Daigne, etc.

Oh ! de ta clémence
Couvre mon offense ;
Rends-moi l'espérance
Et la paix du cœur.

Daigne, etc.

Après cette vie,
Que dans la patrie,
Je puisse, ô Marie !
Bénir mon Sauveur.

Daigne, etc.

M. GREPPO.

N° 13. — Bonheur d'un enfant de Marie.

Refrain.

O Marie ! ô ma Mère,
En vous mon cœur espère ;
Exaucez ma prière :
    Je suis heureux.

Je suis heureux,
    Marie,
Quand avec abandon,
D'une Mère chérie
Je vous donne le nom.

    O Marie, etc.

Je suis heureux,
    Marie,
Quand j'orne votre autel
Des fleurs de la prairie,
En un jour solennel.

    O Marie, etc.

Je suis heureux,
    Marie,
Lorsque pour le pécheur,
En secret je vous prie,
Le cœur plein de ferveur.

    O Marie, etc.

Je suis heureux,
    Marie,
Et je plais à Jésus
Lorsque de votre vie
J'imite les vertus.

    O Marie, etc.

Je suis heureux,
    Marie,
Bien que versant des pleurs,
Quand mon âme attendrie
Partage vos douleurs.

    O Marie, etc.

Je suis heureux.
    Marie,
Vous remettant mon sort,
Je vous offre ma vie,
Je vous offre ma mort.

    O Marie, etc.

N° 14. — Rosaire.

Ornons de fleurs notre blanche bannière,
Réunissons et la rose et le lis ;
Brûlons l'encens : la fête de la mère
Doit être unie à la fête du fils.

O Vierge aimée,
Pour vous toujours
L'âme enflammée
Brûle d'un saint amour.

Plaisirs mondains, la pompe de vos fêtes
Près de Marie a perdu sa splendeur ;
Dans votre sein vous cachez des tempêtes,
Près de Marie on trouve le bonheur.

O Vierge, etc.

Honneur et gloire au saint nom de Marie !
Ce nom suffit à toutes les douleurs ;
Avec le ciel il nous réconcilie,
Et de l'orage il calme les fureurs.

O Vierge, etc.

Que, répété, le doux nom de Marie,
Dans ce beau jour vienne charmer les cœurs.
Et nous verrons, à sa fête chérie,
L'enfer vaincu sous les pieds des vainqueurs.

O Vierge, etc.

Flotte sur nous, éclatante bannière,
Conduis au ciel les cœurs que tu défends ;
Nous te suivons : l'image d'une mère
Saura toujours attirer ses enfants.

O Vierge, etc.

Vierge, exaucez les enfants du Rosaire ;
Leurs chants sont purs et leurs cœurs sont joyeux ;
Venez souvent les voir sur cette terre :
Près de leur Mère ils sont plus près des cieux.

O Vierge, etc.

Nᵒ 15. — Confiance en Marie.

Je mets ma confiance,
Vierge en votre secours ;
Servez-moi de défense,
Et veillez sur mes jours :
Et quand ma dernière heure
Viendra fixer mon sort,
Obtenez que je meure
De la plus sainte mort !

A votre bienveillance,
O Vierge, j'ai recours ;
Soyez mon assistance
En tous lieux et toujours !
Vous êtes notre Mère,
Jésus est votre Fils ;
Portez-lui la prière
De vos enfants chéris.

Sainte Mère, ô Marie,
Asile des pécheurs,
Mon âme vous confie
Ses trop justes frayeurs ;
Vierge, notre refuge,
Près d'un Sauveur si doux,
Mais toujours notre Juge,
Intercédez pour nous !

Ah ! soyez-moi propice,
Quand il faudra mourir ;
Apaisez sa justice,
Vous pouvez la fléchir ;
Mère, pleine de zèle,
Protégez votre enfant ;
Je vous serai fidèle
Jusqu'au dernier instant !

Je promets, pour vous plaire,
O Reine de mon cœur,
De ne jamais rien faire
Qui blesse votre honneur :
J'étendrai mon hommage,
Mettant sous votre loi
Tout service et tout âge
Qui dépendront de moi.

O Mère d'espérance,
O cœur compatissant,
De notre délivrance
Hâtez l'heureux moment :
A nos jours de tristesse
Qu'enfin par votre amour,
Succède l'allégresse
De la céleste cour !

N° 16. — Offrande à Marie.

Daigne agréer, tendre Marie,
Le pur encens de notre amour,
A toi, tous les jours de la vie,
Nous voulons être sans retour.

Refrain.

Ah ! oui, je l'espère,
Je verrai ma Mère
Dans son beau séjour :
Charmante patrie
Où l'âme ravie
S'exhale en amour.

Est-il une aussi bonne Mère
Qui chérisse ainsi ses enfants ?
C'est sous ton ombre tutélaire
Que les jours coulent innocents.

Dans tes bras la timide enfance
Trouve un refuge protecteur ;
On voit le lis de l'innocence
Sur ton sein puiser la fraîcheur.

Que les mondains aillent du vice
Encenser les dieux criminels ;
Nous jurons, Vierge protectrice,
D'aimer ton culte et tes autels.

Nº 17. — Serment à Marie.

Refrain.

Que la tendre Marie
Règne en nos jeunes cœurs;
Elle accueille, elle envie
Notre encens et nos fleurs.

Allons, âmes chrétiennes,
Jurer sur cet autel,
A la Reine des reines,
Un amour éternel.

Dans les fêtes du vice,
Trouve-t-on le bonheur ?
Non, non; son noir calice
Est un poison trompeur.

A l'ombre de tes ailes,
Fleuriront à jamais,
Les vertus immortelles,
L'innocence et la paix.

Jeunesse téméraire,
Voyez ce frêle esquif.
Poussé par l'onde amère
Contre un fatal récif.

De ce monde volage,
Affrontant le danger,
Dans quel triste naufrage
Vous allez vous plonger !

Mais du sein des tourmentes,
Du milieu des revers,
Levez vos mains tremblantes
Vers l'Etoile des mers.

Marie est la lumière
Qui nous montre le port ;
Et c'est son bras de Mère
Qui terrasse la mort.

Nº 18. — Don du cœur à Marie.

Que j'aime de ton front la couronne immortelle,
Ton regard maternel, ton sourire si doux !
Mère, plus je te vois, plus je te trouve belle ;
Pour te donner mon cœur, je suis à tes genoux.

Refrain.

Rends-le pur à tes yeux ; donne-moi l'innocence,
De longs jours pour t'aimer, et ton sein pour dormir ;
La foi, la charité, la sublime espérance,
De la paix ici-bas, et ton cœur pour mourir !

Prends mon cœur, le voilà, Vierge, ma bonne Mère,
C'est pour se reposer qu'il a recours à toi ;
Il est las d'écouter les vains bruits de la terre
Ta secrète parole est si douce pour moi !

Tu sais mon inconstance, hâte-toi de le prendre ;
Peut-être que ce soir il ne serait plus mien ;
Il me faudrait pleurer pour me le faire rendre ;
Oh ! cache-le bien vite ; oh ! mets-le dans le tien !

Quand mes yeux obscurcis baisseront vers la tombe,
Quand ma lèvre aura bu le calice de fiel,
Donne-moi pour voler des ailes de colombe,
Et viens me recevoir à la porte du Ciel.

N° 19. — Stella matutina.

A ton Fils, ô Marie,
Mère auguste et chérie,
Conduis-nous en ce jour.
Daigne embraser nos âmes
Des pénétrantes flammes
De son céleste amour.

Mon étoile fidèle,
Apparais dans le ciel,
Et guide ma nacelle
Au rivage éternel !

Quand vient la vague amère,
Sans ton secours, ô Mère,
Notre esquif peut périr.
Soutiens notre courage,
Sauve-nous du naufrage,
Et daigne nous bénir.

Mon étoile fidèle,
Apparais dans le ciel,
Et guide ma nacelle
Au rivage éternel !

N° 20. — Marie, patronne de la France.

Refrain.

Protégez-nous, patronne de la France,
Protégez-nous, soutien de nos aïeux.
Nous implorons, Vierge, votre clémence ;
Vous essuyez les larmes de nos yeux.

Ah ! repoussez loin de notre patrie,
Le souffle impur de l'esprit séducteur ;
Des noirs complots préservez notre vie,
Daignez nous accueillir, Mère, dans votre
[cœur.

Fils des vieux Francs, dont la noble bannière
Portait jadis votre nom révéré,
Nous espérons, Vierge, votre lumière ;
Fécondez par la foi notre sol vénéré.

Ce sol sacré, couvert de votre gloire,
De vos bienfaits, de vos temples bénis,
Sera toujours le sol de la victoire
Sur le monde et l'enfer contre nous réunis.

Non, non, chrétiens, les fils de l'hérésie
Ne viendront pas établir leur pouvoir
Dans le si *beau royaume de Marie*
Que craignez-vous, Français ? La Vierge est
[votre espoir !!!

N° 21. — Priez pour nous.

Priez pour nous, sainte Vierge Marie ;
Après Jésus, notre espoir est en vous :
Séchez nos pleurs dans cette triste vie,
Reine des cieux, priez, priez pour nous.

Priez pour nous, Vierge pure et fidèle ;
Que vos enfants, malgré l'enfer jaloux,
Soient à jamais à l'abri de votre aile :
Reine des cieux, priez, priez pour nous.

Priez pour nous ; que nos cris de souffrance
De notre exil s'élèvent jusqu'à vous ;
Exaucez-nous, Mère de l'espérance,
Reine des cieux, priez, priez pour nous.

Priez pour nous ; vous êtes notre Mère,
Du Dieu vengeur apaisez le courroux ;
Et quand viendra pour nous l'heure dernière,
Reine des cieux, priez, priez pour nous.

Priez pour nous ; qu'un jour avec les anges,
Mêlant nos voix aux concerts les plus doux,
Nous chantions tous vos bienfaits, vos louan-
Reine des cieux, priez, priez pour nous. [ges.

J.-M. G.

Extrait du *Manuel complet de chants
religieux* du Père J.-M. Garin, mariste.

Nº 22. — L'âme souffrante à Marie.

Sur la terre, ô Marie !
Quand on souffre, on vous prie ;
Vous essuyez les pleurs,
Ah ! calmez les douleurs.

Vierge douce et clémente,
Conduisez-nous un jour,
De votre main puissante,
Au céleste séjour.

Qu'est-ce donc que le monde
Où le vent toujours gronde,
Où jamais le plaisir,
Ne finit sans soupir ?

Vierge douce et clémente,
Conduisez-nous un jour
De votre main puissante,
Au céleste séjour,

La vertu, bonne Mère,
C'est la pauvre étrangère
Qu'on abreuve de fiel,
Sur le chemin du ciel.

Vierge douce, etc.

Espérance et courage :
Au terme du voyage,
Le bien triomphera ;
Et Dieu nous bénira.

Vierge douce, etc.

Mère, devant le Juge,
Vous serez le refuge
Du pécheur repentant
Et du juste tremblant.

Vierge douce etc.

M. Payne.

N° 23. — Stella Maris.

Dans ce triste pèlerinage
Marie adoucit tous mes maux ;
Elle garantit du naufrage
Ma barque errante au gré des flots ;
Si la tempête rompt ma voile
Et me rejette loin du bord,
Marie est la brillante étoile
Qui me ramène dans le port. } *bis.*

Que j'aime à voir sur la colline
Ce temple et ces autels sacrés,
Dont l'ombre sainte qui s'incline
Se peint dans les flots azurés.
C'est là que cette tendre Mère
Prête l'oreille à nos sanglots,
Et comme un ange tutélaire
Veille au salut des matelots. } *bis.*

Quand la douce main de l'aurore
Soulève le voile des nuits ;
Quand la voix de l'airain sonore
Vole sur les flots endormis ;
Bercé sur l'onde transparente,
Je chante un cantique d'amour
A cette Vierge ravissante
Qui fut l'aurore d'un grand jour. } *bis.*

Ma mère m'apprit à redire
Ce nom sacré dès mon berceau :
En lettres d'or je veux l'écrire
Sur la poupe de mon bateau.
Les vents de la mer en furie
Voudraient en vain me submerger ;
Caché sous l'aile de Marie,   } bis.
Je ne redoute aucun danger.

Lorsqu'au déclin de ma carrière
Ma main oubliera l'aviron,
Aux piliers de son sanctuaire
Je suspendrai mon pavillon.
Ma prière, au jour des tempêtes,
Sera pour les navigateurs ;
Au jour de ses aimables fêtes } bis.
Je la couronnerai de fleurs.

Quand de la mort prenant les ailes,
Je m'envolerai vers les cieux,
Je veux que ses mains maternelles
Me ferment doucement les yeux.
On ne gravera sur ma tombe
Que les emblèmes de la paix :
Son nom, des fleurs, une colombe } bis.
Pour marquer combien je l'aimais.

M. GREPPO.

N° 24. — Veille sur nous.

Refrain.

Veille sur nous, Vierge Marie,
Qu'à ton amour réponde notre amour.
Guide nos pas dans cette vie,
Et conduis-nous au céleste séjour.

Reine des cieux, exilés sur la terre,
Nous t'implorons de ce lieu de douleurs ;
Et vers ton trône, asile tutélaire,
Nous élevons nos soupirs et nos pleurs.

Prête à nos vœux une oreille propice,
Près de ton Fils, intercède pour nous,
Et ta prière, auguste protectrice,
Du Dieu vengeur fléchira le courroux.

Du haut du ciel, ô divine Marie,
Jette sur nous un regard de bonté !
Guide nos pas dans cette triste vie,
Aide le faible et soutiens l'affligé.

Quand tombera cette chaîne funeste,
Qui nous retient au terrestre séjour ?
Quand pourrons-nous, unis au chœur céleste,
Bénir sans fin le Fils de ton amour ?

Nº 25. — Gloire à Marie.

Refrain.

Bénissons en ce jour
La Mère du Dieu d'amour ⎱ *bis.*

Portez-la sur vos ailes,
O brûlants Séraphins !
Trônes et Chérubins !
Soyez-lui tous fidèles.

Bénissons, etc.

Sur un trône de gloire,
Je la vois dans le ciel ;
Que votre hymne éternel
Exalte sa mémoire.

Bénissons, etc.

D'une palme immortelle
Ornez ses pures mains,
Sublimes Séraphins !
Rangez-vous autour d'elle.

Bénissons, etc.

Que la tendre Marie
Règne sur l'univers,
Elle a brisé nos fers,
Et nous avons la vie.

Bénissons, etc.

Que le ciel et la terre
L'honorent à la fois ;
Que les sujets, les rois
La prennent pour leur Mère.

Bénissons, etc.

Que tout s'anéantisse
Aux pieds de sa grandeur ;
Donnons-lui tous nos cœurs ;
Que l'enfer en frémisse.

Bénissons, etc.

Éblouis par les charmes
D'un monde séducteur,
Nous cherchions le bonheur,
Et nous trouvions les larmes.

Bénissons, etc.

La divine sagesse
Avait fui loin de nous ;
Des ennemis jaloux
Trompaient notre jeunesse.

Bénissons, etc.

Mais l'auguste Marie
Nous offre son flambeau,
Elle rompt le bandeau
Qui nous l'avait ravie.

Bénissons, etc.

Sous son joug tutélaire
Nous respirons en paix,
Et comblés des bienfaits
De cette aimable Mère,

Bénissons, etc.

Celui qui la méprise
A perdu tout soutien ;
La servir, d'un chrétien
Doit être la devise.

Bénissons, etc.

Jetons-nous à l'envie
Dans ses bras maternels,
Entourons les autels
De la tendre Marie.

Bénissons en ce jour, }
La Mère du Dieu d'amour. } bis.

M. COMBALOT.

Nᵒ 26. — Fête de Notre-Dame de la Salette.

Chœur.

Vierge Marie, exauce la prière
Que tes enfants te font en ce beau jour.
Protége-les de ton regard de Mère,
Et conduis-les au céleste séjour.

Solo.

Reine du ciel, auguste protectrice,
Toi dont le nom si puissant et si doux,
D'un Dieu vengeur, armé pour la justice,
Sut tant de fois désarmer le courroux.
Sur tes enfants réunis pour ta fête,
    Jette un regard consolateur.
Ah ! souviens-toi, Vierge de la Salette,
Qu'il t'appartient de sauver le pécheur.

Ah ! souviens-toi de tes larmes de mère,
Quand sur ces monts ton pas s'est arrêté ;
Désarme encor la divine colère
De ton Jésus justement irrité.
De tes accents nous écoutons la plainte ;
    Désormais soumis au Seigneur,
Nous marcherons et sans trouble et sans
Dans le sentier de l'éternel bonheur. [crainte]

N° 27. — Même sujet.

Refrain.

Vierge de la Salette, ô reine d'espérance,
Nous venons aujourd'hui prier à tes genoux ;
Convertis les pécheurs ; protége notre France.
Nous sommes tes enfants, veille, veille sur nous.

Ton nom seul, ô Marie, apaise la tempête,
Et rend au malheureux et la force et l'espoir ;
L'orage amoncelé menace notre tête,
Nous feras-tu défaut, quand le ciel est si noir ?

Mère, n'es-tu donc plus cette reine de France
Que proclamait jadis un monarque pieux ?
Dans nos cœurs éperdus ranime l'espéranse,
Sur ton royaume encor daigne jeter les yeux.

Ton autel est dressé sur toutes nos collines,
Et nous sommes si fiers de nous dire tes fils !
Fais renaître pour nous Tolbiac et Bouvines.
Oh ! n'abandonne point l'étendard de Clovis !

De ces sommets déserts et baignés de tes larmes,
Ton bras s'est étendu, Vierge, pour nous bénir.
Nous sommes à tes pieds ; dissipe nos alarmes,
Et détourne la foudre ou nous allons périr.

A tes pieds prosternés en ce beau jour de fête,
Mère, laisse nos vœux monter jusque vers toi.
Daigne rendre au plus tôt, Vierge de la Salette,
L'espérance à nos cœurs, à la France sa foi.

F. L.

N° 28. — Immaculée Conception.

Refrain.

Pleine de grâce, ô Vierge immaculée,
Sur toi l'enfer n'étendit point ses lois ;
Son souffle impur jamais ne t'a souillée ;
Avec amour, oui, je le crois.

Comme le lis de la vallée,
Dont rien n'a terni la blancheur,
Aux mortels tu t'es dévoilée,
Virginale et brillante fleur.

Comme la source cristalline
Qui reproduit l'azur du ciel,
Ton cœur de la beauté divine
Réfléchit l'éclat immortel.

Dans sa fureur l'ange rebelle
Frémit en vain contre les cieux,
Et maudit la gloire nouvelle
Qui pare ton front radieux.

Quand, de son ténébreux empire,
Il maudissait ton premier jour,
Un ange du ciel sur sa lyre
Te chantait un hymne d'amour.

Salut, ô femme bienheureuse,
Qui doit enfin du tentateur
Abaisser la tête orgueilleuse
Et la briser d'un pied vainqueur.

Oui, ton aurore est sans nuage,
Astre brillant qui luit aux cieux;
Et l'Eternel sur son ouvrage
Avec amour jette les yeux.

Comme à l'heure où sa voix puissante
Tira l'univers du néant,
Il te sourit, Vierge clémente,
Et te bénit en te créant.

Au jour d'une fête si chère,
Heureux de tes nouveaux honneurs,
Nous les proclamons, tendre Mère,
Mais ils vivaient dans tous les cœurs.

L'amour que ton nom nous inspire,
Vierge, nous tenait lieu de foi;
L'amour encor nous fait redire
Un chant si glorieux pour toi.

V. et L.,
Elèves du Rondeau. 1854.

N° 29. — Sub tuum à Notre-Dame du Sacré-Cœur.

Nous recourons à vous, Vierge, notre refuge,
Fixez sur vos enfants un regard protecteur;
Ah ! nous vous en prions, apaisez notre juge,
    Reine du Sacré-Cœur !

Comme Noé dans l'Arche, ainsi dans cet asile,
Daignez nous soutenir sur les flots en fureur ;
Entre vos bras bénis, notre âme est plus tranquille,
    Reine du Sacré-Cœur !

Ah ! soyez de nos murs, la gardienne fidèle,
L'orage nous menace, ô Mère du Sauveur,
Au milieu des périls, guidez notre nacelle
    Reine du Sacré-Cœur !

Vous avez tout pouvoir sur le cœur adorable
De ce Père irrité contre un peuple pécheur ;
Venez nous délivrer du poids qui nous accable,
    Reine du Sacré-Cœur !

Arc-en-ciel de la paix, rayonnez sur la France,
Levez-vous sur la nuit de ces jours de malheur !
Soyez notre salut, Mère de l'espérance,
    Reine du Sacré-Cœur!

A ces vœux nous joignons une ardente prière,
L'Eglise souffre aussi du schisme et de l'erreur ;
Veillez du haut des cieux, veillez sur le Saint-Père,
Reine du Sacré-Cœur !

Ah ! couronnez sa foi par la plus sainte gloire,
Que l'enfer confondu trouve en lui son vainqueur ;
Tous nous vous bénirons dans ce jour de victoire,
Reine du Sacré-Cœur !

No 30. — La Vierge de Sion.

(Air et refrain du no 8.)

Elle est plus belle que l'aurore,
La jeune Vierge de Sion ;
Et son nom est plus doux encore
Que les doux parfums du vallon.

Elle est cet arbre tutélaire
Dont les rameaux mystérieux
S'abreuvent des eaux de la terre,
Et portent leurs fruits dans les cieux.

Marie, ô ma reine immortelle,
Marie, ô rose du Carmel !
Sois toujours pour l'âme fidèle
Le chemin qui la mène au ciel.

Le Dieu qui sema dans l'espace
Les étoiles en se jouant,
Trouve ton angélique face
Plus pure qu'un soleil brillant.

Et toi, Vierge sainte et modeste,
Abaissant tes regards sur nous,
Tu montres au Père céleste,
Tes enfants priant à genoux.

M. PAYRE.

No 31. — Prière dans un sanctuaire de Marie.

Le ciel est noir, voici l'orage ;
Il court, il vole en mugissant ;
Il va briser sur son passage
Le brin d'herbe et l'arbre puissant.
Dans le danger, vierge Marie,
Nous élevons nos mains vers vous ;
Priez pour nous, Mère chérie,
Et sauvez-nous, ah ! sauvez-nous.

La vague écume elle s'avance ;
Vierge, faudra-t-il donc périr ?
Et devrons-nous voir notre France,
Dans un abîme s'engloutir ?
Tout notre espoir dans cette vie
Et de prier à vos genoux,
Ecoutez-nous, Mère chérie,
Et sauvez-nous, ah ! sauvez-nous.

Qu'importe la mer orageuse,
O Mère, à vos enfants pieux ?
Vous calmez la vague écumeuse,
Et votre étoile mène aux cieux.
Nous vous aimons, tendre Marie,
Prenez nos cœurs, ils sont à vous ;
Gardez-les purs dans cette vie ;
Et sauvez-nous, ah ! sauvez-nous.

Secourez-nous, ô tendre Mère,
Et changez le cœur des méchants,
Qu'ils viennent dans ce sanctuaire
Se dire avec nous vos enfants,
Recevez-les, douce Marie ;
Ici daignez nous bénir tous.
Pour vous chanter dans la patrie,
Nous vous crions : ah ! sauvez-nous.

M. PAYRE.

Nº 32. — Hommage à Marie.

Refrain.

A Marie,
De ma vie,
Je confie
Tout le cours.
Et j'espère
Sur la terre
De ma mère
Le secours.

Pour sentir moins les douleurs
Dont notre vie est semée,
A la Vierge bien-aimée,
Allons consacrer nos cœurs.

Dans son nom que de douceur!
C'est la Vierge, c'est Marie,
Pour le juste c'est la vie,
C'est l'espoir pour le pécheur.

Mortels, qui l'avez goûté,
Ah! vous seuls, vous pouvez dire,
De son maternel empire,
Quelle est la suavité!

Voici mon doux avenir
Oui, je veux, ô tendre Mère,
Te servir, t'aimer, te plaire,
A tes pieds vivre et mourir.

Litanies de la Sainte Vierge.

Kyrie, eleison.
Christe, eleison.
Kyrie, eleison.
Christe, audi nos.
Christe, exaudi nos.
Pater de cœlis Deus, miserere nobis.
Fili, Redemptor mundi, Deus, miserere nobis.
Spiritus Sancte, Deus, miserere nobis.
Sancta Trinitas, unus Deus, miserere nobis.
Sancta Maria, ora pro nobis.
Sancta Dei genitrix, ora pro nobis.

Sancta Virgo virginum,
Mater Christi,
Mater divinæ gratiæ,
Mater purissima,
Mater castissima,
Mater inviolata,
Mater intemerata,
Mater amabilis,
Mater admirabilis,
Mater Creatoris, *Ora pro nobis.*

Mater Salvatoris,
Virgo prudentissima,
Virgo veneranda,
Virgo prædicanda,
Virgo potens,
Virgo clemens,
Virgo fidelis,
Speculum justitiæ,
Sedes sapientiæ,
Causa nostræ lætitiæ,
Vas spirituale,
Vas honorabile,
Vas insigne devotionis,
Rosa mystica,
Turris davidica,
Turris eburnea,
Domus aurea,
Fœderis arca,
Janua cœli,
Stella matutina,
Salus infirmorum,
Refugium peccatorum,
Consolatrix afflictorum,
Auxilium christianorum,
Regina Angelorum,
Regina Patriarcharum,
Regina Prophetarum, *Ora pro nobis.*

Regina Apostolorum,
Regina Martyrum,
Regina Confessorum,
Regina Virginum,
Regina sanctorum
  omnium,
Regina sine labe con-
  cepta,
Agnus Dei, qui tolis pec-

Ora pro nobis.

cata mundi, parce no-
bis, Domine.
Agnus Dei, qui tollis pec-
cata mundi, exaudi nos,
Domine.
Agnus Dei, qui tollis pec-
cata mundi, miserere
nobis.
Christe, audi nos.
Christe, exaudi nos.

Stabat Mater.

Stabat Mater dolorosa,
Juxtâ crucem lacrymosa,
Dùm pendebat Filius.

Cujus animam gemen-
tem,
Constristantem et dolen-
tem,
Pertransivit gladius.

O quàm tristis et afflicta
Fuit illa benedicta,
Mater unigeniti !

Quæ mœrebat, et do-
lebat,
Et tremebat cùm videbat
Nati pœnas inclyti.

Quis est homo qui non
fleret,
Christi matrem si videret
In tanto supplicio !

Quis posset non con-
tristari,
Piam matrem contemplari
Dolentem cum Filio ?

Pro peccatis suæ gentis
Vidit Jesum in tormentis,
Et flagellis subditum.

Vidit suum dulcem
Natum,
Morientem, desolatum,
Dùm emisit spiritum.

Eia ! Mater, fons amoris
Me sentire vim doloris,
Fac ut tecum lugeam.

Fac ut ardeat cor meum,
In amando Christum
Deum,
Ut sibi complaceam.

Sancta Mater, istud
agas,
Crucifixi fige plagas,
Cordi meo validè.

Tui nati vulnerati
Tàm dignati pro me pati,
Pœnas mecum divide.

Fac me verò tecum flere
Crucifixo condolere,
Donec ego vixero.

Juxtà Crucem tecum
stare,
Te libenter sociare,
In planctu desidero.

Virgo Virginum præ-
clara,
Mihi jam non sis amara,
Fac me tecum plangere.

Fac ut portem Christi
mortem,
Passionis ejus sortem,
Et plagas recolere.

Fac me plagis vulnerari,
Cruce hàc inebriari,
Ob amorem Filii.

Inflammatus et accensus
Per te, Virgo, sim de-
fensus,
In die judicii.

Fac me cruce custodiri,
Morte Christe præmuniri,
Confoveri gratià.

Quando corpus morie-
tur,
Fac ut animæ donetur
Paradisi gloria.

Amen.

TABLE ALPHABÉTIQUE

—

LIBRAIRIE BARATIER & DARDELET

GRANDE-RUE, 4, A GRENOBLE

Manuel du premier communiant et du confirmant, contenant les prières pour la confession, examen de conscience, exercices de la retraite, messe de la première communion, vêpres, cantiques, cérémonies de la confirmation, etc., 1 vol. in-18 br., 30 c. ; cart. 0 fr. 40

Petit examen de conscience, broch. 0 fr. 10

Office de l'Immaculée conception, suivi de l'office de Saint-Louis de Gonzague, les deux en latin et français, broch.... 0 fr. 15

Le scapulaire bleu de l'Immaculée conception avec le catalogue des indulgences qui y sont attachées, par l'abbé Nortet, ancien directeur de séminaire.. 0 fr. 15

Catéchisme de la confirmation, avec prières et cantiques pour le jour de la réception de ce sacrement, in-18 broch.............. 0 fr. 15

Grand Catéchisme de Mgr Philibert de Bruillard, ouvrage complet, très-apprécié et adopté dans un grand nombre d'institutions, br., 1 fr. 50; cart........................... 1 fr. 75

Cantiques à l'usage des Oblats de Marie immaculée, pour les missions et retraites, in-18 broch., 40 c. ; cart............... 0 fr. 50

Les mêmes, édition abrégée, le cent, 10 fr. ; 15 c. l'ex.

Cantiques de Monseigneur Philibert de Bruillard, recueil très-complet de 400 pages, avec messe, vêpres et évangiles, broché, 60 c. ; cart.................... .... 75 c.

Cantiques de sainte Ursule, recueil complet, à l'usage des communautés et maisons d'éducation, avec messe, vêpres, in-18, de 300 pages, broché 1 fr. ; cartonné, 1 fr 25 ; relié basane.................... .... 1 fr. 50

Cantiques et Litanies de N.-D. de la Salette, 1 vol. in-18 . ... 0 fr. 25

Le même, avec musique.............. 0 fr. 50

Lyre de saint Joseph ou Recueil de cantiques en l'honneur de ce saint, in-18 br..... 0 fr. 30

La même, avec musique.............. 1 fr. 25

Mois de saint Joseph, par l'abbé Albertin, ancien directeur du Grand Séminaire, in-18 broch. 0 fr. 60, cart............... .... 0 fr. 75

Trésor liturgique ou la messe, les vêpres, les fêtes expliquées aux fidèles, par l'abbé Durand, in-18 br.... .... 1 fr.

L'Ecclésiastique tertiaire ou **Règlement de vie** pour les prêtres et autres membres du clergé séculier qui sont agrégés au Tiers Ordre de la pénitence de saint François d'Assise, par un ancien supérieur de grand Séminaire, membre du Tiers-Ordre de saint François d'Assise, 2ᵉ édition, encouragée par de nombreuses approbations ; prix : 1 fr. ; *franco,* 1 fr. 20 c.; cart., toile, 1 fr. 50, rel. bas........... 1 fr. 75

Exercices populaires du chemin de la croix, sous forme de méditations, par Mgr Fava, évêque de Grenoble; in-18 broché........ 1 fr.

Méditation quotidienne, proposée aux gens du monde, par un religieux de Saint-Bruno, 1 vol. in-18 broché................... 1 fr.

La Première communion, par la comtesse de Flavigny, in-32 en divers genres de reliure.

Livre de chœur destiné à rendre facile à tous les fidèles la participation au chant de l'église, contenant, outre les prières de la messe, les psaumes pour les vêpres des dimanches et fêtes de l'année ; des caractères de différentes formes marquent *l'application des paroles au chant* dans tous les tons indiqués par le vespéral, in-12, de plus de 200 pages, broché, 1 fr., cartonné, 1 fr. 25, et 1/2 rel. bas............... 1 fr. 50

Notre-Dame de la Salette, par l'abbé Nortet, missionnaire apostolique du diocèse de Grenoble, in-12 broché................. 2 fr.

Voyage de Grenoble à la Salette, par E. de Toytot, orné de 65 gravures par E. Dardelet; beau volume in-8° de 320 pages, broché, 4 fr. ; joli cartonnage............... 5 fr.

Notre-Dame de la Trappe de Chambarand, près Roybon (Isère), par l'abbé Nortet, ancien directeur de séminaire, joli volume avec gravures; prix : broché............ 1 fr. 50

Esquisse sur le Pèlerinage de Notre-Dame de l Osier, par un prêtre oblat de Marie immaculée, in-18 br.............. 0 fr. 50

Histoire de la Révérende Mère du Sacré-Cœur de Jésus, supérieure générale des Sœurs de Saint-Joseph, de Lyon, précédée d'une Notice sur les origines de cette congrégation, par l'abbé Rivaux, in-8° broché.......... 5 fr.

Histoire populaire de la bienheureuse Marguerite-Marie, par l'abbé Cucherat, in-8° de 542 pages, broch.................... 3 fr.

Le saint Rosaire expliqué par Bossuet, par l'abbé Jacquemet, curé de Saint-Ismier, in-12 broché 2 fr. 50 ; in-18 broché.... 1 fr. 50

Grand choix de Mois de Marie, Mois du Sacré-Cœur, Imitation de Jésus-Christ, de la Sainte Vierge, Recueil de prières, Manuel du chrétien, Manuel de piété, Journée du chrétien, Visites au Saint-Sacrement, etc., etc.

Grand assortiment de *Paroissiens* avec ou sans propre du diocèse, en tous genres de reliure.

N.º 1.
Invocation à Marie

f: Choeur.   And.º   D.

À tes pieds, ô tendre Marie, tu

vois l'amour nous réu-nir. Ah de grâce, ô Mère ché-

-rie ; Étends ton bras pour nous bé-nir, Étends ton

bras pour nous bé - nir

Solo Nous pleu - rons sur la

Terre ; Tu rè - gnes dans les Cieux, Protège;

heureuse Mère, les enfants malheureux.

Nº 2.

Consécration à Marie

Dolce expres.　　　*m. f*　　C.

Douce Ma - ri - e ,　　A toi ma

cresc....

Douce Ma - ri - e

vi - e , A toi mes chantr

A toi ma vi - e à toi mes chants

Et tous mes jours ! Que dans mon

Et tous mes jours !

â - me Ta pu - re flamme

Que dans mon â - me ta pure ..

s'al - lu - me pour tou - jours .

flam - me s'allume pour tou - jours

Je viens à toi,

ma tendre mè- re, Pour te pri-

p- er dans ces saints Lieux :

Jésus m'a dit : En elle es-

pè- re ; Et puis tu vien...

gdras dans les cieux .

Douce Ma- ri- e a toi ma

vi- e a toi mes chants

Et tous mes
jours
Que dans mon
â - me
Ta pu-re
flam-me
s'al-lu- me
pour
tou .
jours
Fin

No 3. Consécration à Marie

Duo

D.

à ton au-tel, incomparabl

Rei-ne, Nous accou-rons offrir nos jeunes

ans ... Sois de nos Cœurs l'unique sou-ve-

rai-ne. A-dop-te nous ici pour tes en-

fants   Chœur ...

Oui nous vou-lons, ō Di-vi-ne Ma-

ri-e, Nous consa-crer à ton culte en ce

jour. Reçois nos voeux, nos coeurs et notre

vi-e, Oui nous voulons être à toi sans re

tour ‥ Re‑çois nos vœux, nos cœurs et notre

vie, Oui nous voulons être à toi sauveur tour

N.º 4.

Alma Redemptoris mater

Fleur de nos champs, aussi

bel. le que joure, lis des Val.
lons, mè.re du ré-demp-teur, La
grâce en vous é- tonnant la na.
tu.re fit votre en. fant de votre

Refrain

Cré - a - teur Mè - re - d'a -

mour, mère ché - rie, Prêtel'o - reille à nos ac -

B. Mère d'amour, Prête l'oreille à nos ac -

cents que ta bon - té, tendre Ma - rie, Soit le doux

cents . . . . . - sois - le - doux - ob - :

ob - jet de nos chants . chants .

FIN

- jet de nos chants chants

Nᵒ 5.

Le mois des Fleurs

P.

Reçois nos hom. ma. ges . . .

Dans ce mois des fleurs. Retiens . les . o . . .

. ra . ges sous tes pieds. vain . queurs . . .

Pou . ce . Ma . . ri . e., Mè .

re ché . ri . e, sois mes a.

-mous tou- jours tou- jours!

Fin.

Fin.

N° 6.
Le mois de Marie

Solo — Allegro dolce — D.

De- vant ton i. ma. ge ché.

-ri - e ; Quand nous ve-nons cha.

que prin. temps, ac. cueil. le. tou:

jours, ô Ma. ri . e, les humbles

vœux de tes en. fants.

Chœur

Allons chrétiens à notre

Allons chrétiens

Rei. ne . char. geons ses au. tels de pré

à notre. Rei. ne, chargeons ses autels de pré.
amissats

sents, du ciel l'au guste. souve raine Béni

sents . . . . Bé. . . . . . nis . . .

ra . nos voeux et nos chants, Du ciel l'au.

nos voeux et nos chants.

guste souve. raine Bé.ni .ra . . nos

Bé — . nis . — nos

voeux et nos chants

voeux et nos . chants

No 7.

Ora pro nobis
sancta Dei Genitrix

Cantabile

P.

Con. naissez vous ma mère! Bon

coeur est toutamour. Voi. là pourquoi je.

pè. re Dans ce triste sé. jour.

O ma mère, O ma mère, Pri.

ez, priez pour moi. O ma mère, O ma

mère; Pri-ez, pri-ez pour moi; Pri-

ritard...

ez pri-ez pour moi!

N: 8.

Consolatrix afflictorum

D.C.

Andantino
solo

a toi, a toi mon

cœur, à toi mon cœur ô tendre Mè-

re, à toi mon cœur et pour toujours. Fais

qu'à t'ai-mer, Fais qu'à t'aimer

sur cette ter-re, Il se con-sume avec ...

1re fois
2me fois
Duo ou solo
jours, fais
jours.
Comment sur cette a-
ri-de pla-
ge le bonheur
pourrait-il mû-
-rir ?..
Le ciel n'est jam-
-ais sans nuage-.
-ge, Le cœur n'est
jamais sans soupir,...
à

Nº 9.
Auxilium Christianorum.

Adagio

C.

Solo ou Duo

Dans ce monde où je res-te sans joie & sans plai-sir, Que mon sort est fu-nes-te, tou-jours il faut souf-frir. Ah! qu'il tien cette vi-e ce se-ra mon bon-heur; J'i-rai dans la patri-

F Refrain
e Où l'on vit sans dou - leur . Oh! jes -
pi - re , Oh! jes - pé - re en vous ma -
rall...
mè . . . . . re

Nᵒ 10.
Sainteté de Marie.

En. fin de son tou-ni-te Dieu

dé-po-se les traits, Et Marie à la

ter-re vient an-noncer la paix. Ainsi quand sa ven_ geance É_ cla.te dans les

airs, l'arc de son allian ce. Ras.

su.re l'u.ni_ vers

N° 11.
Recours à Marie

Reine d'espi. ran. ce, sois mon espu.

Rei ..ne d'espé .. ran. ce .. :

ran. ce, sois mes a. mours, tou

Sois mon espu. ran.ce sois mes a.mours, tou.

jours, tou .. jours ... Trésor de jus.

jours tou jours

-ri-ce Or-nement du Ciel,

Ten-dre protec-trice, Du fai-ble mor-

-tel. O divine Mè-re!...

ô mon cœur si chère, tou-jours, tou-jours

No 12.
Hymne à Marie.

Cantabile

Solo.

Vierge tu-té-lai-re,

Que le ciel ré .. vè-re .   O di-vi-ne

Mè-re   De mon Rédemp-teur ! ...

Choeur

Daigne de la ter-re

sé-jour de mi-   sè-re ....   Porter ma priè - re . . . Aux pieds du Sei - gneur . . .

Daigne de la - ter - re, séjour de mi -

sè - re Porter ma pri - è - re

Rall . . . . .

aux pieds du Sei - gneur . . . . FIN

FIN

FIN

Nᵒ 13.

Bonheur
d'un enfant de Marie.

andᵗᵉ dolce &.   D.

O Marie, ô ma Mère, En vous mon cœur

O Marie ô ma Mè-re

espè-   re . . .   Exaucez ma pri . . è-re , Je

En vous mon cœur espire exaucez ma pri. è. re . Je

suis   heu.   reux . . .

Solo

Je suis heureux, Ma-ri-e.

Quand avec abandon, D'une tière chef

..ri...e Je vous donne le nom...

N.° 14.
Rosaire.

Allen Moderato

D.

Or tions de fleurs no..tre blanche ban.

...nie...re; Réu-nis..sons et la

rose et le - lis ; Brû - lons l'en

cens, la fê - te de la mè ...

re doit être u - nie à la fê - té du

fils ... O Vierge ai -

P

mé - e, ... pour vous tou - . jours ...

- e, pour vous tou .. . jours , ...

l'âme enflam . mée brû . le d'un saint a -

- mour . O - Vierge ai -

O - Vierge ai - mé ...

mé - e , .. Pour vous tou - . jours ....

e, Pour vous tou - . jours . . . . . .

Crere . . . . . .   F rall . . . .

l'â me en flam. | mé e Brû. le | d'un saint a.

.. mour ..

FIN tt....

N°: 15.
Confiance en Marie

Dolce Moderato.

Je mets ma | con. fi _ | _ an _ .

ce ...   Vier-ge en vo-   tre se-

cours ;   ser-vez-moi   de dé -

- fen-   se   et veil-lez

sur mes   jours . .   .   Et

Et quand ma

Quand ma dernière heu - - .re vien

dernière heu - - re.

dra fixer mon sort, Ob - te - nez

que je meu - - - re -

de la plus sain.te mort ..

ob . te . nez que je meu . . .

re . de la plus sainte mort .

N° 16.
Offrande à Marie

Maestos.

Daigne agré . er , tendre Ma .

ri. e, le jour en. cens de notre a-

mour. à toi tous les jours de la

..vi--e, nous vou lons être sans re.

Refrain animato

tour. Ah! oui je l'es_pi. re

. Ah! oui je l'es-

je ver.rai ma mi - re Dans son beau sé-
pè - re Je verrai ma mère dans son beau séjour Charmante pa.. - tri - e .
jour
où l'âme ra. vie .. s'ex .ha. le, s'ex
.ha = le, s'ex hale en a . mour ~ . . .

s'ex. ha-le en a. mour.

№ 17.
Serment à Marie.

allegretto

que la ten dre Ma. ri . e règne en

nos jeu. nes cœurs, elle accueille, elle en

vi. e notre en. cens et nos fleurs, votre en.

:cens et nos fleurs.

solo.

al.

lons, âmes chré. tien. nes, ju- rer sur cet au-

tel .. à la reine des rei.nes un

amour ètern - -nel ..

N.º 18.
Don du cœur à Marie.

Solo ou Duo M.F.

Que j'aime de ton front . la couronne immor tel - le , Ton regard mater nel , Ton souri - re si doux . Mè re , plus je te vois , plus je te trouve bel - le ; Pour te donner mon cœur . je

rall. . . . . . .
Refrain allgro
suis à tes ge- -noux
Rends-le
pur à tes yeux; Donne- moi l'inno-
cen-ce, de longs jours pour l'ai-
rall.
-mer et ton sein pour dor-mir, La-

foi, la cha-ri té , la su- bli - me espé

ran-ce De la paix ici bas , et

ton cœur pour mourir, et ton cœur pour mourir

N.° 19.
Stella matutina.

A ton fils, O Marie Mère auguste et chérie, Conduis-nous en ce jour conduis nous en ce jour. Dai-gne embraser nos âmes des pé-né-trantes

Dai-gne embrasenos âmes des péné-tran-tes

flammes de son céleste a-mour de

Molto

son céleste a... mour Mon

Etoile fixe dé... le, appa... raît dans le

ciel, Et guide ma na... cel... le

au rivage – éter nel.. Et guide ma na.

– cel. le au rivage éter – nel,

Et guide ma na celle. au rivage éter nel.

Nᵒ 20.

Marie, patronne de la France.

molto moderato

G.

Pro-té-gez- nous, patronne de la France, Pro-té-gez nous, soutien de nos ai-eux, Nous implo-rons, Vier-ge, votre clé.

.45.

men-ce;   Vous es-su-   yez les lar-mes de nos

yeux .   Ah! repous-   sez l'oin de notre fpa-

-tri-e   le soufle im-pur de l'Esprit sé-duc-

teur .   Des noirs com-plots préservez notre

vi-e   Daignez nous accueil-lir, mère, dans votre

coeur .   Proté-gez - etc....

№: 21.

Priez pour nous.

andante

Pri...ez pour nous, Sain-te Vierge Ma-

ri...e, a-prés Jé...sus Notre

-es-poir est en nous sé-chez nos

pleuro dans cet.te tris-te vi-e,

Rei_ne des ciux, pri.ez, pri_ez pour

nous Rei_ne des cieux, priez pri-

PP

ez pour nous

N.º 22.
L'âme souffrante à Marie.

Sur la terre, ô Ma-ria-e, quand on souffre on vous
pri-e ; Vous es-su-yez les pleurs ah !
cal-mez nos dou-leurs .
Vier-ge, Vier-ge, Vierge douce et clé-
-men-te, con-duisez-nous un jour, de vo-tre

main puis - san- te, au céles- te sé - jour

au cé les- te sé - jour, au céles- te sé - jour.

Nᵒ 23.
Stella Maris

Andantin.

Dans ce tris - te pè- le- ri - na.. ge

Ma-rie a-dou-cit tous mes maux et le ga-

rantit du nau-fra--ge... Ma barque er-

rante au gré des flots. Si la tem-pê-te rompt ma

voile et me re-jet-te loin du bord, Marie est

la brillante é - toi - - le - - - qui me ra

me - ne vers le port . port .

N.º 24.
Invocation a Marie.

allegretto mod.º

Veil - le sur nous, Vierge Ma.

- vi - e, Qu'à ton a - mour ré - pon -

de notre a - mour ; Gui - de nos pas dans cette

vi - e, et con - duis nous, et con - duis

Et con - duis nous :

nous à l'é - ter - nel sé -

Et con - duis - nous à l'é - ter - nel - sé -

- jour, Guide nos pas dans cette vie et

- jour.

Conduis. nous à l'é. - ter. nel sé -

jour. Reine des cieux, exi -

lés sur la . - ter. re , nous

t'im. plo. rons de ce lieu

de dou . - leur ; et vers toi

trô - - ne asi - le tu - té -

- lai - re , vous é - le - vous

- nos sou - pirs et nos

un peu animato.

pleurs, et vers ton trône à - si -

le tu - té - - - lai -

- re ; nous é - le - vous nos sou -

- pirs et nos pleurs.

N°. 25.
Gloire à Marie

andantino

Bé - nis sons en ce jour la mê

re du Dieu d'a- mour, Bé-nis- sons en ce

jour la mè- re du Dieu d'a- mour, Por-tez-

Solo

-la sur vos ai-les, O bru- lants sé-ra-

-phins, Trô-nes et ché-ru- -bins, Rangez-

Refrain ℟

vous autour d'el . . . le. Bé.nis

N° 26.
La fête
de Notre-Dame de la Salette
℟.

andante P

Vier.ge Ma.rie, exau.ce la pri.

.é . re que tes en.. .fants te font

en ce beau jour, Pro - tě - ge -

les de ton re - - gard de mè - re,

Et con-duis - - les au cé - leste sé -

Allegro

jour. Pro- - tě - ge - - les de

ton re - gard de Mè - re, Et daigne les con

duire au cé - les - te sé - jour.

Pro - té - ge - les de ton regar de

Mè - re, Et daigne les con - duire au

célestis é... jour Protége. les

les de ton regard de Mère et

Daigne les con-duire au céles-.te .. sé-

ralluir..

.. jour, au cé-les- te ..

sé... - jour.   Solo.

: And.

Rei-ne du Ciel, auguste pro-tec-

tri - ce, Toi dont le nom puissant et si

doux, Dieu vengeur armé pour la jus-

ti - ce sut tant de fois désar-mer le cour-

- roux; sur tes en-fants réu-nis pour ta

fê - - te jette un re-gard con-so-la-

-teur. Ah sou-viens-toi, Vi-er-ge de la

salut - té, qu'il t'appartient de sauver le pé-

cheur. Ah! sou-viens-toi, Vier-ge de la sal-

- 61 -

lette.   qu'il t'ap-par-tient de sauver le pécheur.

N? 27
Notre-Dame de la Salette.
Resoluto.   A.D.

Vier-   ge de la Salette, O

Rei-ne d'espérance; Nous venons aujourd'hui pri-

er à tes ge-noux, pri-   er à tes ge-noux;

FF   Rall.

a tempo

Convertis les pécheurs protège no-tre

Fran-ce, Nous sommes tes enfants; veil-

le, veille sur nous, Veil- le, veil-

Cantabile

le sur nous. Toi

nom seul, O Ma- rie, a

paisse la tem- -pê- -

-te, et rends au malheu-

-reuse et la force et l'espoir . L'o . ra . . ge a mon . ce .

. té . . rce . . . na . ce nor . tre

. . té . . . . te , Nous fe .

. ras . tu dé . . faut . quand

rit.

le ciel est si noir. Quand

: tard .

le ciel est si noir .

N° 28.
Immaculée Conception

Maëtoso. Cantabile   D.

Pleine de grâce, ô Vier-ge immacu

lé - e, Sur toi l'en--fer n'étendit point ses

lois; Son souffle im--pur jamais ne t'a souil

son souffle im-pur ....

lé - e , A - vec a - mour, Oui, je - le -

crois , a - vec a - mour, a - vec a - mour oui je le

A - vec a - mour, oui, je - le -

- 67 -

crois, Oui, je le crois. —

crois...

Comme le lis de la val-

lé-e... Dont rien n'a terni la blan-

cheur, aux mortels tu t'es dé-voi-

lé-e Virgi-nale et brillan-te

fleur....

Nᵒ 29.
Sub tuum
à N.D. du Sacré-Cœur.

Andante · · · · · · · · · · Arrangé par Mᵉˡ l'abbé N.

Nous recou-rons à vous, Vier-ge,

Nous re-cou-rons à

no-tre re- -fu-ge, Ti-

vous Vierge notre re-

-xez sur vos en- -fants un

re - gard pro - tec - - teur .

Ah! nous vous en pri - ons , a -

- pai - sez no - tre ju - ge , Rei -

- ne du sa - cré cœur , Rei -
- Rei - ne du sa - cré cœur ,

ne, Rei... ne du sa - cré

cœur

N.º 30.
La Vierge de Sion.

:Duo ou Solo

Elle est plus belle que l'au-ro - ne, La jeune

Vier-ge de Si. - on ; Et son nom est plus

doux en. co - re que les doux par-fums du Val

-lon... à

Andantino

solo

A - toi , à toi mon

p. Tutti

cres. .. cen.

cœur , à toi mon cœur ô tendre Mè.

re, à toi mon cœur et pour tou jours. Fais

qu'à t'ai. mer, Fais qu'à t'aimer

sur cette ter. re, Il se con. su. me avec mes

jours, Fais jours.

No 31.
Prière
dans un sanctuaire de Marie.

Adagio m.f.

Le Ciel est noir, voici l'o-

ra-ge; il court il vole en mu-gis-

sant... Il va briser sur son pas.

cresc.....

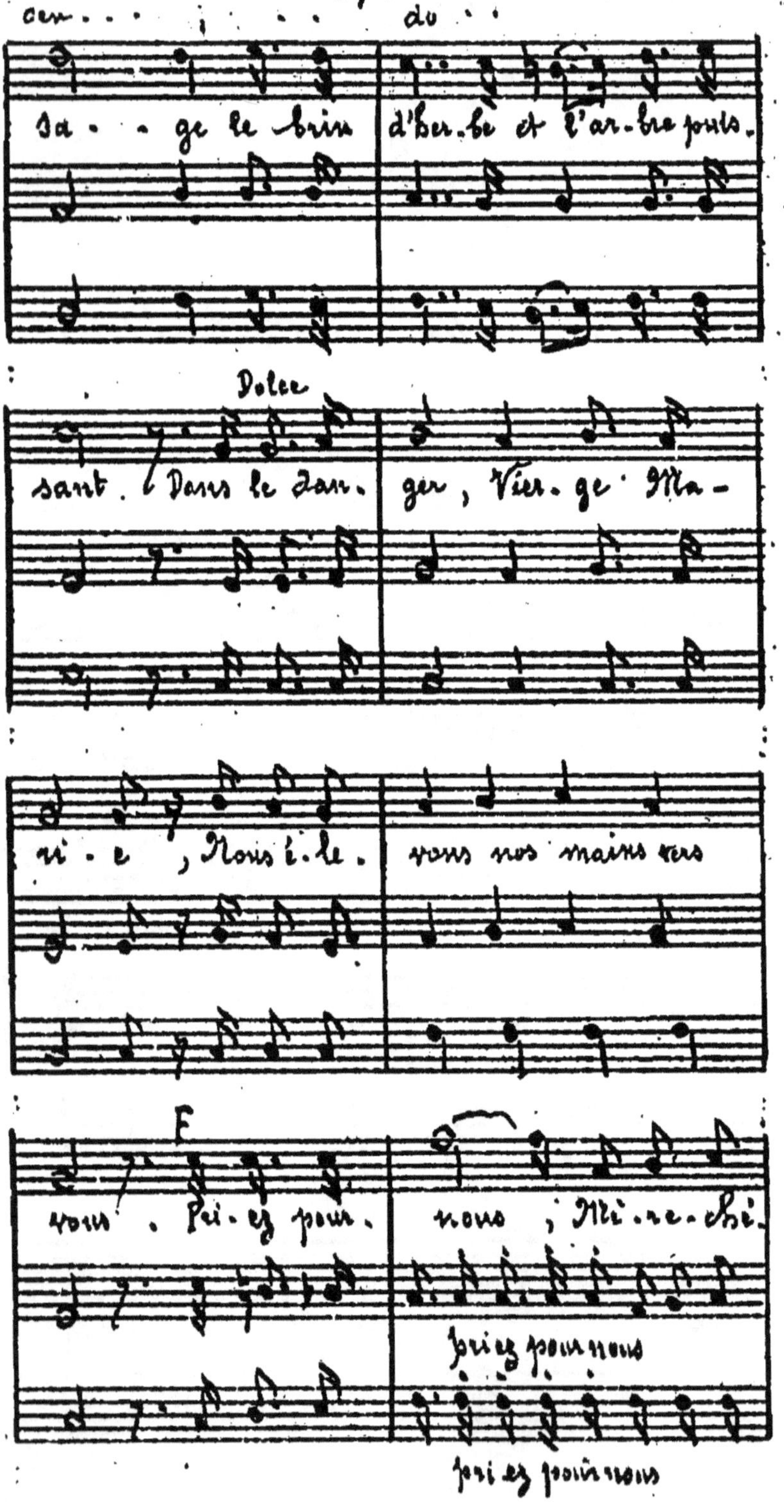
do
sa - - ge le brin
d'her-be et l'ar-bre pous-
Dolce
sant. Dans le dan-
ger, Vier-ge Ma-
ri - e, Nous é-le-
vons nos mains vers
F
vous. Pri-ez pour
nous,
priez pour nous
pri ez pour nous

ri . . . e et sauvez. nous, Ah san. vez-

nous, Pri-ez pour nous, Mè-re chè.

priez pour nous

. ri . . e , et sau.vez - nous ah! sau . . . vez.

Rall.. priez pour nous

nous

N.º 32.
Hommage à Marie.

Andantino 𝆑

D.

à Ma. ri . . e . De ma

vi . e je .. con . fi . e

Tout le cœur, Et j'es.

cresc.

pè - re   sur la   ter. re

De ma   Mè - re   Le se. cours..

Solo.

Pour sen. tir   moins   les dou.

leurs dont   no. tre vie est se.

mé .. . e   a la

Vier. ge bien. ai . mé. e ,

Al. lons con-sa .. crer nos.

cœurs ,   A la Vier. ge :

bien ai - mé - e, Al - lons

rall.

: con - sa - crer nos coeurs.

Litanies
de la Sainte Vierge

Maëstoso. **D.**

Ky - ri - - e - e. le - i.

son; Chris - - te, e -

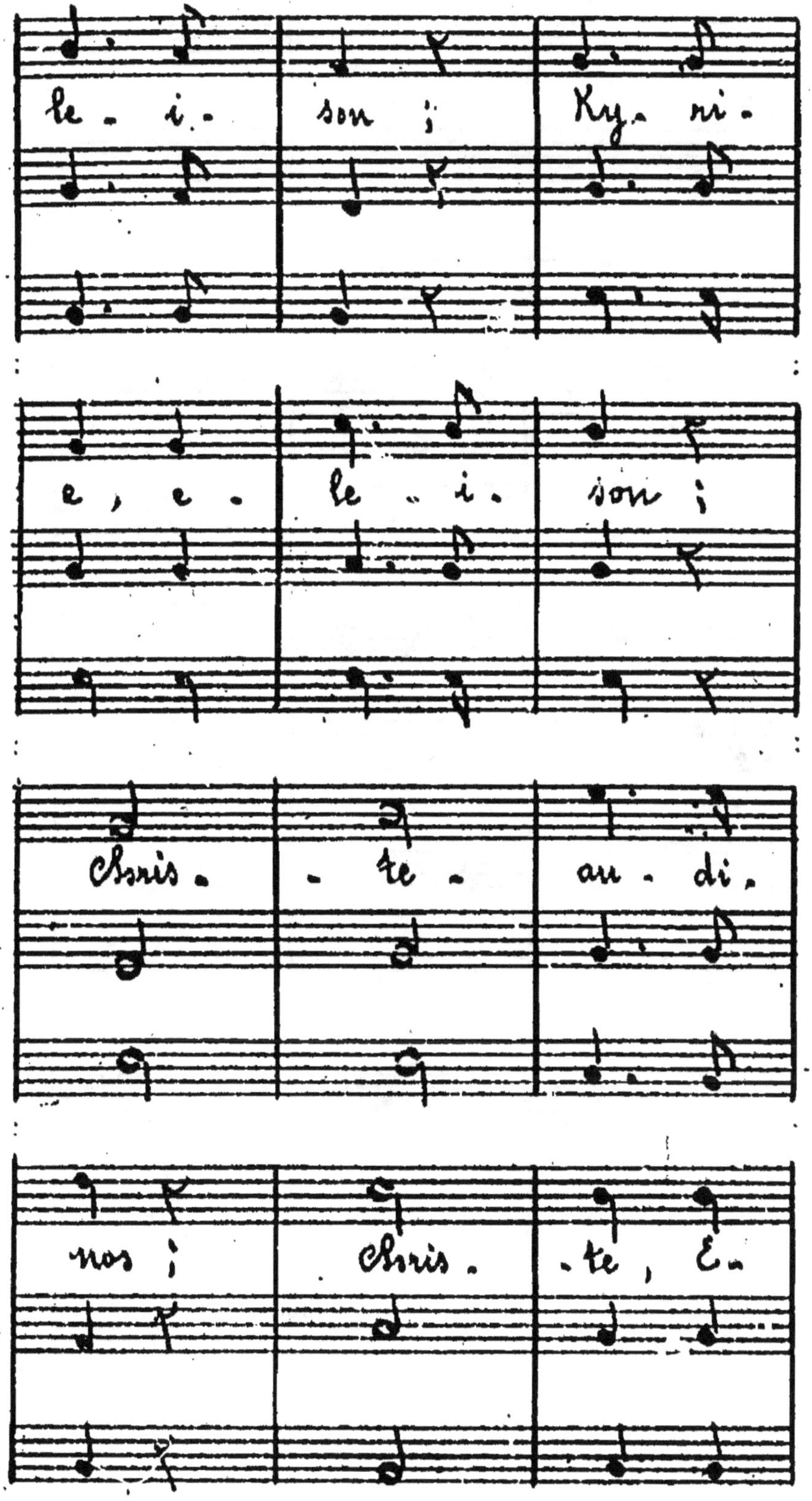
le - i - son ; Ky - ri -
e , e - le - i - son ;
Chris - te - au - di -
nos ; Chris - te , E -

xau - di - nos .
2me Strophe
Pa - ter de cœ - lis,
De - - - - us :
fi - li - Redemp
- tor mundi,
De - - - us ;

Spi..ri.tus sanc.te, De....us, mi.se..re..re no....bis, mi.se..re..re no....bis.

3ème Strophe
Sanc - ta Ma -
ri - - - - a ; Sanc - ta
De - i ge - ni - trix ;
sanc - ta Vir - go Vir - gi -

_ num ,   O _ _   ra _ pro _

_ no _ _ _   bis _   O _ _

_ ra _ pro _   _ no _ _ _   bis _

Autres Litanies

te exau-di- nos.

2ème
Strophe
Pa-ter de cœ-lis De-

-us, fi-li- re-demptor mundi, De-us; Spi-ri-tus

sancti De-- -us, mi-se- re-- re nobis, mi-se-re-re no-bis.

3ème Strophe

Sanc-ta Ma-ri-a; Sancta De-i Ge-ni-trix; Sancta

Vir-go Vir-gi-num; O-ra pro nobis , O - - ra pro no - - bis -

Litanies de Toulouse.

Adagio m.f.

Kyri-e e- le- i- son; Chris-te, e-

le-i-son   Chris-te,   au-di- nos,

Chris - te, e - xau - - di - nos - - -
2me Strophe
M.F
Pater de cœlis De - us
P
Fi-li Redemptor mundi, De - us -
F
Spiri-tus sancte
De - us, Mi - se - re - re - no - -

bis
3me Strophe
M.f.
Sancta Ma-ri-a;
P.
Sancta Dei ge-ni-trix;
F.
Sancta Vir-go
vir-gi-num, o-ra pro-no----

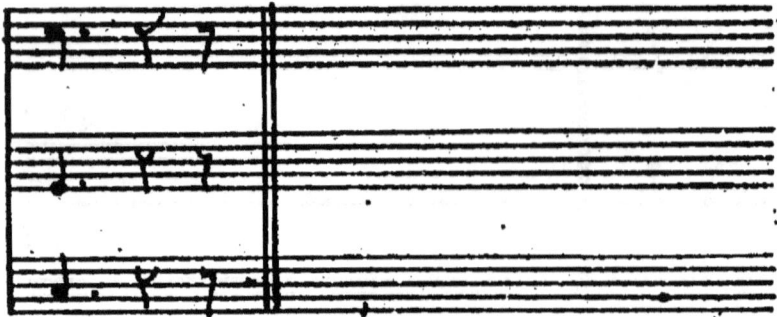

Stabat Mater

(Air Turinois)

Adagio

Sta-bat Ma-_ter   Dolorosa Do.lo. ro.

_sa.   jux-ta cru-cem la.cry. mosa , Dum pen - de - bat Fi - li - - us .

ix broché . . . .   30 cent,

même avec musique. . .   1 fr. 50 —

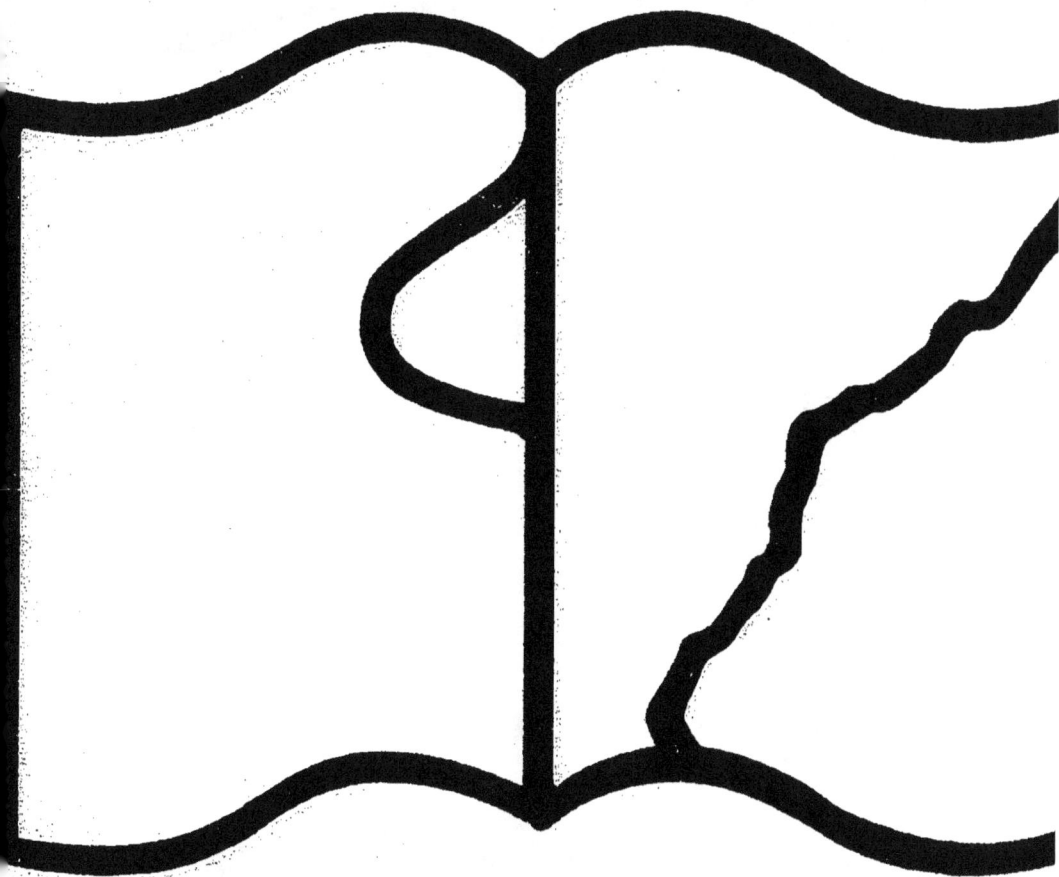

Texte détérioré — reliure défectueuse

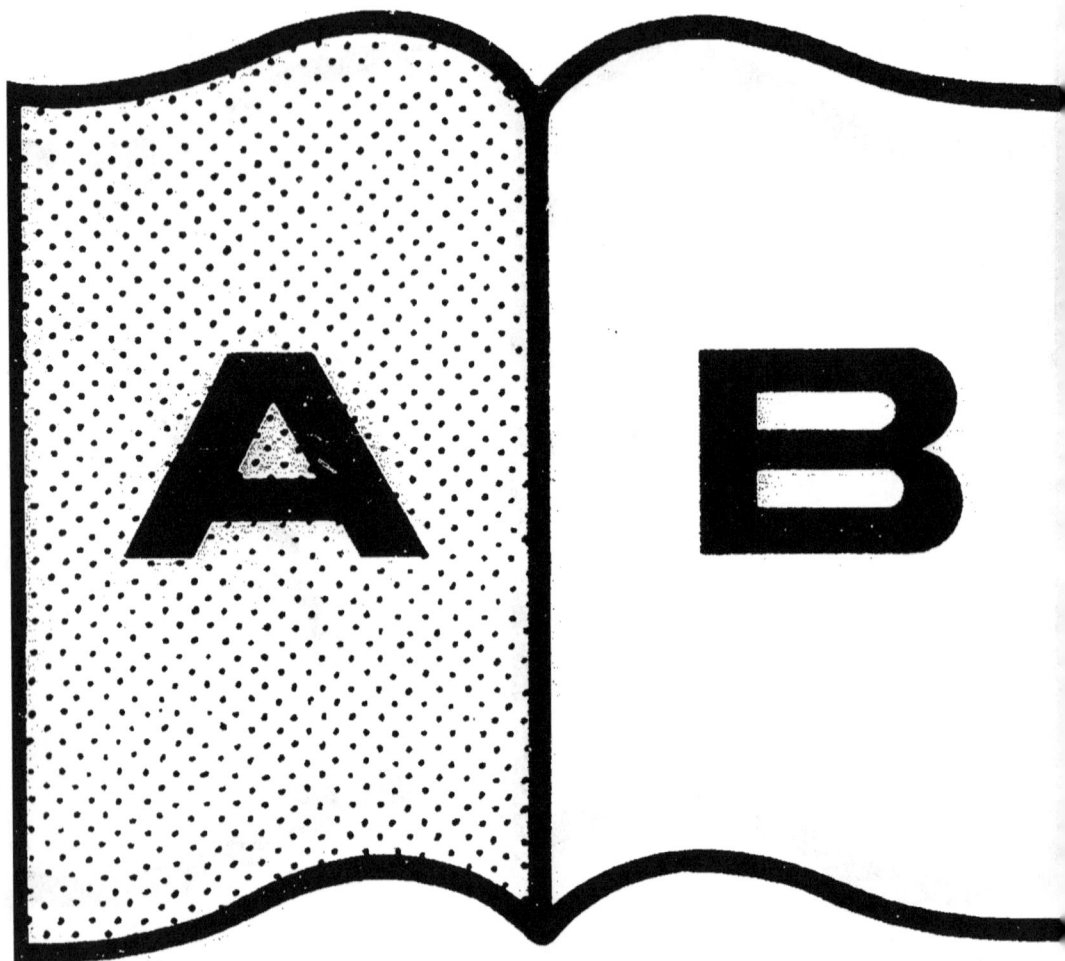

Contraste insuffisant